AF268067

Capitaine M. CORTIER
de l'Infanterie Coloniale
1912

# Reconnaissance
# Ouallen - Achourât

*Route d'In-Salah à Tombouctou, par Ouallen et Achourât*

PARIS

EMILE LAROSE, LIBRAIRE-ÉDITEUR

11, Rue Victor-Cousin, 11

1913

A Monsieur André BERTHELOT

# Reconnaissance
# Ouallen - Achourât

Capitaine M. CORTIER

de l'Infanterie Coloniale

1912

# Reconnaissance
# Ouallen - Achourât

*Route d'In-Salah à Tombouctou, par Ouallen et Achourât*

PARIS

EMILE LAROSE, LIBRAIRE-ÉDITEUR

11, Rue Victor-Cousin, 11

1913

# RECONNAISSANCE
# OUALLEN - ACHOURAT

*Route d'In-Salah à Tombouctou, par Ouallen et Achourât*

Au cours des vingt-cinq dernières années écoulées, les grandes routes commerciales traditionnelles et séculaires du Sahara ont été peu à peu abandonnées au profit de voies de pénétration nouvelles, œuvres de l'effort incessant des nations européennes vers l'intérieur de l'Afrique. D'autres causes, moins générales, ont encore influé sur cette disparition presque totale de l'activité des caravanes indigènes ; on a cité en première ligne la suppression du commerce des esclaves, lesquels, sans nul doute, étaient la plus productive exportation du Soudan vers l'Afrique du Nord. A ces raisons extérieures primordiales, sont venues s'en surimposer d'autres, locales, mais cependant assez généralisées dans le désert, qui, pour n'avoir pas revêtu un caractère de permanence absolu, n'en ont pas moins entravé le mouvement caravanier à l'époque même où le maximum d'aisance lui eût été nécessaire.

C'est ainsi que de vastes zones sahariennes ont vu récemment, par suite de l'absence prolongée de pluies, les pâturages disparaître et leurs hôtes s'écarter ; d'autres, pour lesquelles la sécheresse a été plus prononcée encore, ont assisté au tarissement brusque de tous les puits, à tel point que les voyageurs se sont en toute hâte détournés des sentes sillonnant ces régions inhospitalières. Le plus frappant exemple est la perte de la grande route directe de Tombouctou à In Salah.

Ce fut, il y a quelques siècles, l'artère la plus fréquentée de l'Afrique septentrionale ; c'était la voie d'importation des marchandises de la Méditerranée vers Tombouctou, port de ravitaillement du Soudan surpeuplé, l'égale de la grande piste d'Araouan vers Taodenni et le Maroc par où s'exportaient vers le Mahgreb l'or, l'ivoire et les nègres.

Des relais de distance en distance y avaient été ménagés ; tous les 300 kilomètres environ, les convois trouvaient auprès d'un puits permanent un vaste enclos de pierres, une « Kasbah », abri contre les intempéries et contre les coups de main des pillards. Des gens habitaient là en permanence, dans leurs cases enfumées, cultivant de maigres jardins, groupés autour d'un marabout qui prélevait sur les caravanes une redevance en retour de quoi il les comblait de bénédictions et d'amulettes.

Au départ de Tombouctou, c'était Bou-Djebiha ou Mahmoud Regagda, plus loin Mabrouk à la limite même du désert des sables ; puis Amrennan en plein milieu du Tanezrouft, et Ouallen à l'entrée de l'Ahnet ; enfin Akabli avec ses oasis et ses palmiers qui faisaient présager In-Salah et l'arrivée prochaine.

Malgré ces relais, l'orientation était difficile à conserver au milieu des sables qui masquent les traces et des regs où les repères font défaut ; il s'était constitué de père en fils des familles de guides qui détenaient le monopole de diriger les caravanes. Pendant tout le trajet, le guide exerçait sur les voyageurs une véritable dictature ; lui seul indiquait l'heure du départ matinal et de l'arrêt ; lui seul fixait les étapes sans avoir à rendre compte à personne.

Pendant des siècles, traditionnellement, de longues files de chameaux se succédèrent ainsi de kasbah en kasbah,

mettant en général 25 à 30 jours d'In-Salah à Tombouctou.

Or, vers 1890, peu d'années avant l'entrée des Français à
Tombouctou, une sécheresse inusitée s'abattit sur toute la
zone qui s'étend du 20° au 25° de latitude nord ; trois,
quatre hivernages se succédèrent sans pluies ; les talhas, le
drinn peu à peu moururent, et un beau jour tous les puits
de la région d'Amrennan se trouvèrent à sec, si soudaine-
ment que les quelques sédentaires de la kasbah durent
s'enfuir à toute allure vers le sud ; la tradition raconte
même que n'ayant pu trouver d'eau à Tin-Dédin asséché,
ils périrent de soif. Depuis 22 ans, les pluies n'ont plus fait
leur apparition au nord d'Achourat ; tous les points d'eaux,
Azennezan, Ain-Cheïkh, Tin-Dédin, Tin-Dakhsen ont tari et
se sont comblés, entre Tagnout et Ouallen ; les caravanes,
devant l'impossibilité de parcourir sans eau ni pâturage
600 kilomètres de Tanezrouft, ont préféré la voie beaucoup
plus longue de l'Adrar, et les derniers guides de la grande
route, aujourd'hui des vieillards à mémoire affaiblie, achèvent de mourir emportant leur secret inutile.

La reconnaissance géographique de ce pays désolé pré-
sentait cependant, il est facile de s'en rendre compte, un
gros intérêt, puisque c'est là que viennent aboutir tous les
grands oueds de l'Ahnet, de l'Ahaggar et de l'Adrar.
Y avait-il dans ce pays un immense bas-fond, bord oriental
de la sebka de Taodenni ? Qu'étaient et comment se ratta-
chaient ces falaises abruptes que les renseignements
avaient indiquées ? Ces problèmes s'étaient posés en 1906 à
l'esprit du colonel Laperrine partant du Touat à la rencontre des méharistes soudanais vers Taodenni. Avec son détachement de 70 hommes, il s'en vint jusqu'auprès de Ouallen ; mais les renseignements qu'il recueillit alors furent
tels qu'il n'osa pas dépasser l'Ahnet vers le sud-ouest. Il
dut revenir vers l'Ahaggar, l'Adrar, atteignit Achourat avec
un mois de retard et ne put opérer que par hasard la jonction avec mon détachement à Gattara. Depuis lors, le pays
situé entre Taodenni et l'Ahaggar conservait pour les

blancs la réputation de région interdite et la route d'Ouallen à Achourat leur semblait fermée à tout jamais.

Lorsqu'en décembre 1911, l'Union pour la réalisation des chemins de fer transafricains lança son projet d'embranchement transsaharien dans le but d'opérer, en premier lieu, la jonction entre l'Algérie et le bassin moyen du Niger, mais aussi éventuellement de trouver la voie utilisable la plus directe d'Alger à Dakar vers l'Amérique du Sud, il apparut à tous les yeux que le projet le plus rationnel, actuellement possible à étudier, emprunterait précisément cette ancienne route de l'Aoulef à Tombouctou par Ouallen et Achourat. Un tracé serrant plus la ligne droite aurait été se perdre dans les solitudes infinies du Djouf et dans les dunes infranchissables de l'Erg Chache et de l'Iguidi, et en tout état de cause, sa reconnaissance serait actuellement et sera pour de longues années encore complètement interdite à toute caravane d'ingénieurs, à tout raid d'Européen.

A l'intérêt géographique même venait ainsi s'ajouter un intérêt technique primordial, car il importait pour la réussite du projet d'ensemble d'apporter, non une solution de la question du transsaharien, mais mieux « la » solution éliminant les autres et pour ce faire, il était indispensable de reconnaître ce tracé par Ouallen, le plus direct de tous ceux, à priori utilisables.

Je me chargeai de cette étude.

En 1909-1910, au cours de la mission que je dirigeais en A. O. F., j'avais été à plusieurs reprises déjà obligé, pour la mise au point des cartes que je préparais, de me renseigner à fond sur la région que j'allais avoir à parcourir. J'avais à cette époque à mon service le vieux guide Barca qui avait sept ou huit fois parcouru la route de Tombouctou à Ouallen ; je m'étais fait donner toutes les étapes, j'avais fait dessiner dans le sable des croquis de route, j'avais repéré les dunes et les oueds, apprécié les distances ; bref je connaissais à l'avance les possibilités à escompter et les obstacles à vaincre.

Lorsque, en fin février 1912, j'arrivai à l'Aoulef avec la

mission d'études du chemin de fer transafricain, je pus donc sans retard m'atteler à la préparation de mon plan particulier.

Je connaissais à l'avance le nom des trois hommes capables de me servir de guides ; c'étaient : Barca, Bou-Beker et Breka. Barca avait, durant deux ans, voyagé à mes côtés et j'avais en lui la plus extrême confiance, mais il était dans l'Adrar des Iforas et le temps me manquait pour le faire venir ; Bou-Beker que j'avais connu jadis à Taodenni en 1906 arrivait de l'Ahaggar, envoyé par le P. de Foucault ; Breka, venu de l'Ahnet, était à l'Aoulef. Bou-Beker et Breka étaient l'un et l'autre très vieux, mais le premier me parut si cassé et si affaibli que je préférai Breka pour son allure plus alerte ; d'autant que Bou-Beker, interrogé, refusait de toutes ses forces de partir, disant que le Tanez-rouft de Ouallen était impossible à franchir et que nous ne passerions pas...

Donc, je choisis Breka plus confiant en soi-même ; c'était un beau vieillard, assez teinté, les yeux légèrement vitreux, la tempe gauche surmontée d'une énorme loupe, et la bouche perpétuellement ornée d'une pipe en cuivre rouge. Je le chargeai du choix des méhara et des chameaux et de l'achat des outres.

Je me fis désigner deux hommes d'escorte, méharistes de la Compagnie d'In-Salah : Ibrahim et Hammou. Tous deux Chamba d'origine étaient de vieux routiers du désert, sans peur, de braves gens que je ne saurais trop louer et qui, pendant tout le voyage, supportant toute la fatigue des corvées et des pâturages, n'eurent jamais un moment de lassitude ou de mauvaise humeur.

Cela nécessitait quatre méhara de selle ; un chameau de bagage portant une cantine de vêtements et d'objets divers, l'astrolabe, les montres et les vivres ; deux chameaux d'eau et un chameau chargé de 150 kilogrammes d'orge complétaient le troupeau. Je savais ne devoir compter sur aucun pâturage certain entre Ouallen et Achourat pendant onze jours ; mais j'avais cet espoir de découvrir en route quelques taches d'herbes, quelques touffes de hâd et je ne prenais d'orge que pour six jours à 3 kilogrammes par animal, soit 24 kilogrammes par jour ; ce en quoi je fis un calcul d'un optimisme exagéré et l'invraisemblable réalité dépassa mes prévisions. Heureusement, mes huit chameaux étaient en merveilleux état, et le formidable coup de collier de quelques jours fut pour eux cause de moins de dépérissement que ne l'eût été un effort moindre, mais plus prolongé.

J'emportais enfin de l'Aoulef 22 peaux de bouc, un tonnelet métallique de 50 litres, et pour chacun de nous trente jours de vivres, farine, riz, sel, sucre et café. Ainsi, tout se trouvait prêt ; Sidi Schirh, chef religieux du Reggan, m'avait même envoyé comme porte-veine, une amulette écrite de sa main.

Le 7 mars 1912 au matin, je quittais l'Aoulef. En même temps que moi le capitaine Niéger partait vers le sud-est. De son côté M. Chudeau, le géologue bien connu, prenait la direction de Taourirt où l'appelait le désir d'effectuer un sondage géologique et l'espoir d'une reconnaissance dans une région encore vierge. De Taourirt, il devait, en passant à l'ouest de ma route, piquer droit sur Ouallen où nous nous donnions rendez-vous pour le 17 mars.

La première partie de ma route jusqu'à Ouallen se déroulait dans une région suffisamment connue, sur laquelle je n'insisterai guère. Le premier soir, nous couchions à Akabli, l'extrême oasis vers le sud, sur la bordure de la dernière falaise calcaire du Tidikelt. Au delà, pour atteindre le massif montagneux de l'Ahnet distant de 100 kilomètres, il faut traverser une vaste sebka, déversoir des eaux du versant nord du Mouydir. Dès le premier jour, nos pauvres animaux connurent le jeûne et le sommeil en cercle, prélude d'un avenir sombre. Le troisième jour, à midi, nous entrons dans les soulèvements rocheux de l'Ahnet, et le soir, nous campons au point d'eau de Tikkaiaéddin. En avant, le pays est mouvementé, parsemé de rides rocheuses noires, et les oueds sont couverts d'une belle végétation de hâd, de drinn et de talhas. Le 13 mars, nous passons au puits de Méraguen que nous trouvons éboulé ; pour éviter un pénible travail de remise en état, nous buvons au petit lagon de Sellarenni, à quelques kilomètres de là. Le 14 et le 15, nous remontons à travers l'Adjedcerah, le cours encaissé de petits oueds jusqu'à la ligne de faîte d'où s'aperçoit dans le lointain brumeux la vallée d'Ouallen. Le 16 mars au matin, nous sommes au puits.

, Comme celui de Méraguen, le puits de Ouallen est à moitié comblé ; depuis l'abandon de la route d'Achourat, rares sont les caravanes qui viennent boire ici ; la kasbah indigène qui s'adosse au flanc de la dernière arête occidentale de l'Ahnet, est elle aussi, presque ruinée ; les poutres des toitures ont servi à faire du feu en l'absence, dans le voisinage, de toute végétation arbustive et le haut mur d'enceinte, flanqué de quatre tours carrées, ne clôt plus qu'une vaste cour encombrée de déblais informes et de pierres.

Le 17 mars à midi, M. Chudeau arrivait à son tour à Ouallen ; il venait de parcourir 250 kilomètres de plein désert, dans un pays particulièrement difficile ; mais pour un routier aussi expérimenté que lui, cette randonnée n'avait été qu'un jeu. La réunion de nos deux groupes se trouvant opérée, je fixai au lendemain 18, mon départ pour le Soudan.

Au mois de mars, la température est encore relativement basse et les conditions climatériques favorables à un raid de 600 kilomètres sans eau. Toutefois, les plus minutieuses précautions furent prises tant par moi que par mes trois compagnons de route qui n'ignoraient rien de l'effort à fournir et des dangers du voyage. Nous emportions 550 litres d'eau dans les peaux de bouc, mais comme la région d'Achourat où nous devions aborder est une des plus dangereuses du Sahara, et que les rezzous marocains y sont presque en permanence, j'avais en plus, un tonnelet cadenassé de 50 litres d'eau. Celui-ci, ne devrait être ouvert qu'au cas où, trouvant le puits d'Achourat occupé par l'ennemi, nous aurions été obligés d'aller, à marche forcée, boire à quelque autre puits du Timétrin. C'était une éventualité redoutable, car nous allions arriver à bout de souffle à Achourat et tout nouvel effort sans être ravitaillés nous aurait jetés dans une détresse terrible. Mais j'avais l'espoir que le guide pourrait peut être trouver le puits permanent de Tagnout à deux jours au nord d'Achourat ; plus encore, j'avais confiance absolue en l'habileté de mes hommes d'escorte et, pour le reste, je m'en remettais à la chance du soin de m'éviter des obstacles que, le cas échéant, je ne croyais cependant pas insurmontables.

Donc, le 18 au matin, précédant à pied mes animaux chargés à l'extrême, j'abandonnais Ouallen pour tenter le passage vers le sud. M. Chudeau, le plus affectueux des compagnons de route, voulut m'accompagner durant les premiers kilomètres jusqu'à la sortie de l'Adrar de l'Ahnet ; ensemble, nous gravîmes la crête rocheuse qui surplombe la kasbah et au delà de laquelle s'étend à l'infini le désert plat et uniforme. L'oued d'Ouallen coupe cette arête au Fom-Taghit pour aller rejoindre l'oued Téséganganet ; tandis que mon convoi passait par la trouée, du haut de la crête, nous regardions immobile l'espace clair jeté devant nous. Aucune dune aucune ondulation à l'horizon ; seule, l'étendue plate, infinie que, durant des heures et des heures, j'allais parcourir au pas monotone de mon méhari, dans l'incertitude de la réussite finale. Là, M. Chudeau m'ayant quitté, nous nous lançons à l'aventure.

Mes trois hommes et moi marchons à pied pour éviter toute surcharge aux méhara. Sur le sol recouvert d'un cailloutis clair, le sentier reste encore profondément marqué et formé de vingt à trente pistes voisines. Il tangente au levant la chaîne méridionale de l'Ahnet qui s'écarte vers le sud et qui, sur le ciel, profile en barrière ininterrompue ses tables et ses aiguilles noires. Nous allons ainsi dans la solitude que n'égaie nulle brindille d'herbe, toute la journée, sans aucun arrêt. Au soir la montagne s'estompe dans le lointain légèrement brumeux et quand la nuit est venue, nous nous arrêtons sur le bord du sentier. Ni herbe ni bois... Les chameaux groupés dévorent hâtivement leur première ration d'orge et nous dînons sans feu de quelques dattes et de pain rassis pour ne pas toucher aujourd'hui aux fagots du convoi.

Le 19 mars, à la première lueur de l'aube, nous sommes en route toujours à pied. Des squelettes nombreux commencent à jalonner la trace ; des côtes et des omoplates de chameaux espacent des repères blancs qui facilitent les visées lointaines à la boussole. Soudain, voici pelotonné un corps d'homme ; la chair, que nulle bête n'a attaquée, s'est momifiée sur place ; la boîte cranienne seule émerge à découvert de la peau et le sable a pénétré dans la bouche et dans les cavités des yeux. De ci, de-là, d'autres ossements encore sont étendus, assez fréquents pour que de loin, à la vue des taches blanches encore indistinctes, mes compagnons gagent entre eux s'ils sont ou ne sont pas humains. Maintenant, nous atteignons un véritable charnier ; onze corps d'hommes sont accroupis les uns contre les autres dans des poses horribles. Des lambeaux de vêtements sortent encore du linceul de sable et la peau parcheminée, tendue par la sécheresse, laisse aux visages des expressions de souffrance atroce.

C'est là sans doute, me conte Breka, les restes d'une caravane partie du Niger il y a trois ans, et que les gens des oasis algériennes ont attendue en vain... Ceux-là, pour gagner quelques jours, avaient voulu couper par l'ancien raccourci, imprévoyants du danger et confiants dans la protection d'Allah... Mourant de soif, arabes et domestiques noirs sont allés se grouper les uns contre les autres, attendant un secours providentiel qui n'est pas venu, et les misérables sont morts là, les yeux fixés sur les montagnes de l'Ahnet déjà apparues à leurs regards, où ils savaient à 50 kilomètres d'eux le puits sauveur qu'ils n'avaient plus la force d'atteindre... Quel effroyable drame !... Nous passons en détournant la tête ; à nous qui tentons en sens inverse la même route plus dangereuse encore, il est interdit de séjourner quelques heures pour donner à ces morts la sépulture des croyants de Mahomet. Coûte que coûte, il faut marcher. Puisse cette rencontre n'être pas le funeste présage d'un destin identique dont l'appréhension subitement nous obsède !

Pour chasser la crainte, mes Chamba pressent l'allure des méhara en jouant sur leurs petites flûtes grêles des airs qu'ils scandent en battant des mains.

De distance en distance, des taches de sables paraissent à proximité du sentier ; le mirage les surhausse et fait papilloter leurs arêtes vives. Devant nous, l'erg Serer-Igdad barre le passage ; au dire du guide, il s'allonge, ininterrompu, jusqu'aux contreforts de l'Ahaggar ; mais, quand nous en sommes proches, il découvre une percée dans la dune, un meksem large de 500 ou 600 mètres, par où la piste s'insinue, sans rencontrer le sable mouvant. Au delà, jusqu'à la nuit, nous rentrons dans le désert uni où nous campons auprès de nos animaux, dans le terrain chaud qui s'étale stérile comme une mer calme.

20 mars. Troisième étape semblable aux précédentes ; l'erg Tigidit, comme l'erg Serer-Igdad, s'entr'ouvre en plusieurs larges meksem pour laisser passer le sentier ; mais, au delà, le sol est parsemé de dunes circulaires ou allongées, indépendantes les unes des autres, comme les taches noires d'une peau de panthère. Au milieu du sable accru le medjbed, jusque-là tracé, disparaît brusquement et dans ce désordre de la nature, Breka devient hésitant et sa direction moins constante. Tout au loin, il montre enfin la dune au pied de laquelle est le vieux puits d'Azennezan. J'avais espéré pouvoir y parvenir ce soir pour en prendre à l'astrolabe la position astronomique ; mais les heures succcèdent aux heures sans que se rapproche l'erg grandi par le mirage. A la nuit noire, nous en sommes encore à plusieurs kilomètres ; Breka incertain donne des directions divergentes et, finalement, demande à attendre le jour pour retrouver l'emplacement même de l'orifice. Au camp, vite je dresse des instruments d'astronomie ; en repérant mon itinéraire à quelques kilomètres du puits, j'obtiendrai encore une position assez exacte d'Azennezan, car, demain, nous serons obligés de passer sans nous y arrêter, pour regagner, s'il est possible, le retard d'aujourd'hui. Et cependant, nous venons, en trois jours, de franchir 170 kilomètres !

A peine ai-je achevé mes observations, qu'un vent chaud s'élève de l'Occident ; un voile noir tombe sur le camp et la chaleur devient étouffante. L'aube du 21 mars traverse avec peine une brume jaunâtre et si compacte qu'à trois mètres de distance nous ne nous voyons plus les uns les autres... J'ai l'impression d'avoir un bandeau sur les yeux. Avec la boussole, j'indique au guide la direction suivie la veille ; nous partons... A tout instant je rectifie la route dont Breka s'écarte ; il faut sans cesse crier pour que la queue puisse au son suivre l'avant-garde et tous les kilomètres une halte s'impose pour s'assurer que les animaux de charge sont demeurés groupés.

Après une heure de divagation, nous allons donner tête baissée dans une forte dune qui se dresse soudain à 40 mètres devant nous. A quelques brins révélateurs de bois de hâd sec qui en parsèment le pied, Breka reconnaît avec certitude la dune d'Azennezan ; nous n'avons plus qu'à la suivre exactement, si toutefois le hasard veut bien nous conduire dans le bon sens, pour atteindre le puits. La chance cette fois favorise le guide et, après deux heures d'une véritable marche de nuit en plein jour. nous tombons sur deux ou trois fondrières qui sont tout ce qui reste des anciens trous d'eau.

Nous nous y arrêtons un instant ; mes Chamba vont refaire la provision de broutilles de bois de hâd et, bientôt, un grand feu flamboie dans la brume pour cuire le pain d'aujourd'hui. Dans les replis du sol, autour des puits, des bandes de cailles semblables à celles de France sont terrées et, peu craintives, ne s'envolent en criant que si l'on cherche à les prendre à la main.

A dix heures du matin, nous repartons vers le sud-ouest ; mais il faut cette fois franchir à même les sables la dune d'Azennezan qu'aucun meksem ne disjoint à proximité des points d'eau. Il existerait, au dire de Breka, un passage libre à quelques heures de marche dans l'est ; mais le temps manque pour revenir sur nos pas et la brume, toujours intense, rend inefficace toute recherche de ce genre. L'erg d'Azennezan est fort épais et fait de plusieurs arêtes parallèles qui se réunissent par endroits et s'entre-croisent. Ce n'est encore qu'au moyen de la boussole qu'il est possible de conserver une orientation constante ; le guide à tout instant me demande la direction de l'étoile du nord. Enfin, vers une heure, après de nombreux tours et détours, après de multiples ascensions et descentes, la dune est franchie ; la brume ici est moins dense et s'éclaircit peu à peu. Dans le reg In-Debnan qui s'étend devant nous, mes Chamba partent à droite et à gauche et bientôt retrouvent sur le sol quelques traces anciennes qui repèrent notre route. Ce soir encore jusqu'à la nuit, nous marchons et, quand l'ombre est devenue si épaisse que les lectures de la boussole en sont rendues impossibles, nous campons en plein reg, pour la quatrième fois sans pâturage et sans bois.

Durant la nuit, un vent léger purifie l'atmosphère. Pour regagner encore un peu de notre retard, le camp est levé le 22 mars à deux heures du matin et je dirige moi-même la marche sur les étoiles en surveillant la direction à la boussole. Le jour s'est levé éclairant une région toujours plate, sans ondulation, où l'allure est monotone, mais facile. Vers midi, l'erg El Outid, masse de sable isolée, apparaît sur notre droite et, tout de suite en arrière, découpée par le mirage, se détache une longue falaise basse, ravinée, au pied de laquelle coule l'oued Djouf. Ces particularités du terrain ne repèrent pas le guide qui donne des signes manifestes d'inquiétude. Du haut de la falaise enfin gravie, nous entrevoyons une région mouvementée, creusée de bassins fermés. Breka y cherche en vain la kasbah d'Amrennan. Nous obliquons sur la droite ; du haut de chaque élévation, Breka et moi interrogeons l'horizon : — « Vois-tu par là une dune ? et par ici ? » — « regarde avec la lorgnette » et c'est moi qui renseigne Breka dont les yeux sont affaiblis et n'y voient qu'à peine. Ibrahim, mon Chamba, retrouve cependant sur le sol quelques traces à peine visibles ; il se penche vers elles et certifie que les points d'eau sont plus loin, devant nous encore. Nous repartons. Vers cinq heures du soir, du haut d'une dernière crête, sur la hamada caillouteuse formée de blocs calcaires, apparaît enfin à quelques kilomètres en avant la kasbah d'Amrennan.

C'est, posé simplement sur le plateau, un quadrilatère de pierres flanqué de quatre tours, entre lesquelles les murs se sont disloqués d'autant plus profondément qu'on s'éloigne plus des angles. Contre la muraille, un petit oued encaissé a creusé en cañon la surface des calcaires et le lit à quelques mètres en contre-bas est garni de grosses touffes sèches de drinn noir. Un tronc de talha mort marque l'orifice éboulé de l'ancien puits et, plus au loin vers le sud, la ligne horizontale d'une falaise barre encore l'horizon d'une bande sombre.

L'intérieur de la kasbah est complètement en ruine et les habitations n'existent plus. Au centre de la cour, un rond de pierres marque encore la margelle d'un second puits et nous trouvons là tout un troupeau de gazelles momifiées, qui sont venues dans l'enceinte même mourir de soif à l'orifice de la citerne vide.

Harassés, mais satisfaits, nous posons le camp au pied même du fortin. Breka lui-même, si perplexe tout à l'heure, a repris confiance à se savoir dans la bonne direction ; à l'en croire, la route devant nous n'offre plus de difficultés ; le tanezrouft est fini et nous sommes, dès maintenant, dans la région soudanaise. Les instruments d'astronomie sont dressés dans la kasbah ; le ciel, cette nuit, est merveilleusement clair et l'enceinte m'abrite des coups du vent qui souffle par rafales.

La région d'Amrennan, située à la bordure septentrionale de la falaise calcaire soudanaise, était jadis assez bien irriguée pour former un relais permanent des caravanes. Ces dernières avaient pour s'abreuver toute une profusion de puits, voisins les uns des autres, plus ou moins salés et abondants, qu'elles se répartissaient au hasard des passages ; c'était Amrennan-el-kasbah, Amrennàn-el-Fersiga, Amrennan-el-nakhel, Aïn-Cheïkh et Mzarif. Tous sont situés sensiblement sur le même parallèle, et il n'était pas d'usage, après avoir touché l'un d'eux, d'aller reconnaître les autres. Parce qu'il est peu probable que cette route inhospitalière soit à nouveau parcourue d'ici quelques années par les Européens, parce que je désirais, d'autre part, collectionner le plus de documents géographiques possibles, je résolus, malgré le retard que ce détour allait apporter à ma marche, de faire la reconnaissance complète de tous ces points d'eau.

Donc, le 23 mars, au grand jour déjà, nous quittons la kasbah d'Amrennan et, laissant vers le sud le sentier d'Achourat, nous descendons, par le lit même, le petit oued creusé dans la roche. Le fond sinueux en est tout parsemé de coquilles et d'huîtres fossiles. Bientôt la rivière va s'épandre dans une vaste daïa fermée de tous côtés par des ressauts rocheux ; là, au centre de la dépression, sont quelques touffes de brindilles, restes d'anciens fersigs qui entouraient les trous d'eau d'Amrennan-el-Fersiga.

Comme presque chaque jour, le vent se lève avec le soleil et d'heure en heure fraîchit ; l'air clair du matin peu à peu s'emplit de cette poudre impalpable qui forme le fond des daïas et où les pas s'enfoncent comme dans de la cendre ; les crêtes lointaines disparaissent dans le brouillard chaud et, bientôt, nous cheminons dans une brume épaisse.

Toujours poussant vers l'ouest, nous sortons de la dépression d'Amrennan el-Fersiga pour arriver à Amrennan-el-Nakhel. Sur un ressaut de la falaise calcaire, c'est une légère ondulation toute parsemée de dunes vives. Des palmiers de jadis, plus de traces ; l'orifice même des anciens puits a disparu dans le sable  Nous passons sans arrêt

Plus loin, une grande ride orientée N. S., le Sahab Mohammed, puis quelques dunes vives à droite. En avant, au lieu des calcaires étalés en strates horizontales, le terrain est ondulé, déchiqueté par mille ravines qui vont se perdre au sud dans une large daïa, entraînant les argiles bariolées et le cailloutis de quartz superficiel.

Vers deux heures de l'après-midi, Breka commence à rechercher les repères d'Aïn-Cheïkh. Toutes les crêtes sont recouvertes de basinas élevées, à tel point qu'il apparaît comme indispensable qu'une population importante ait séjourné là, durant de longs siècles, pour avoir constitué de si nombreuses nécropoles. Mais, parmi tant de pyramides de pierres, les repères des puits ne paraissent pas. A nouveau, nous recommençons les longues ascensions sur les crêtes, les interrogatoires de l'horizon, les descentes silencieuses, véritable calvaire où la patience s'épuise, où l'énergie s'irrite de se sentir trop complètement impuissante dans la main du guide.

Après deux heures de recherches vaines, Breka à nouveau se déclare incapable de nous conduire ; je préfère cet aveu qui me permet, dès lors, de n'agir plus qu'à ma guise et j'indique la direction vers le sud pour recouper la grande route.

Notre maître au désert, le hasard, après une heure de marche, nous mène en un ancien campement qu'indiquent quelques pierres de foyer. Breka, soudain, pousse des cris joyeux : il a reconnu l'endroit où quelque dix ans auparavant, il s'est arrêté avec un convoi venu du Soudan : Aïn-Cheïkh est là, dans l'ouest, à moins d'une heure.

Une fois de plus encore aujourd'hui, nous changeons la direction de la marche ; et vers 6 heures enfin, nous campons dans le bas-fond d'Aïn-Cheïkh. Quelques traces d'anciens herbages garnissent la vallée qui s'étend au loin vers le nord-ouest bordée par un léger ressaut calcaire. Les trous d'eau non empierrés et peu profondément creusés dans la terre alluvionnaire n'ont guère laissé de traces ; je m'installe en confiance sur leur emplacement, suivant les indications du guide. Pour cette fois encore, la sixième fois en six jours, nos chameaux ne trouvent à brouter que quelques débris ligneux de paille noire ; depuis deux jours déjà, j'ai fait diminuer les rations d'orge. Heureusement, les braves bêtes ne souffrent pas de la soif et ne donnent aucun signe d'affaiblissement ou de fatigue.

Du rebord de la cuvette d'Aïn-Cheïkh, il est possible, au lever du jour, alors que le temps encore est clair, de voir se profiler au sud une longue falaise, très élevée, qui, vers l'ouest, se termine par le « gara » (1) de Tin-Etiki. Quelques témoins, de plus faible importance, forment entre elle et le reste du plateau une série d'îlots isolés par les érosions anciennes.

Bien que Mzarif m'eût été signalé dans l'ouest de Tin-Etiki, afin de reconnaître la constitution géologique de la montagne, le 24 mars au matin, j'orientai la marche sur la gara. Après une interminable promenade dans le reg, après une ascension difficultueuse, j'en atteins enfin le sommet : c'est une énorme masse d'argiles bariolées, entre les strates de laquelle viennent s'insinuer des bancs fossilifères de calcaires durs. Du haut de cet observatoire unique, le terrain apparaît tout plat vers le nord ; vers l'est, la vue se perd dans les saillants de la falaise et ne dépasse pas la surface du plateau ; dans l'ouest apparaissent les pointes de la grande dune d'Amselsel. Celle-ci vient mourir presque en contact du ressaut calcaire de Mzarif, laissant cependant une trouée par laquelle nous allons nous insinuer vers le puits. A une heure de l'après-midi, nous gravissons la première, puis la deuxième marche du kreb de Mzarif. Quelques énormes basinas de pierre en jalonnent le rebord et permettent, de leur sommet, d'embrasser toute la région. Aujourd'hui, tout comme les jours précédents, les repères ne servent de rien au vieux Breka.

Pour retrouver des traces qui puissent nous guider, nous nous séparons, interrogeons tous les replis de la falaise et, après plusieurs heures de recherches, ne trouvons finalement aucun indice, rien. Dans l'incertitude où nous sommes du terme du voyage, nous ne pouvons demeurer ici plus longtemps et, laissant à son destin ignoré le puits de Mzarif, nous reprenons, sans retard, la direction du sud, dans le but de recouper les traces de la grand' route ou de gagner directement Tin-Dedin, notre prochaine étape. Pour éviter un passage difficile dans le sable mouvant, le convoi s'en va

(1) « Gara » : massif tabulaire isolé.

contourner les dernières pointes de la dune d'Amselsel. A quelques kilomètres dans l'ouest, le plateau calcaire où nous cheminons, s'achève brusquement par une falaise ; mais la dune n'en atteint pas le rebord et laisse un large passage. Par contre, de distance en distance, des ravines de peu de longueur, mais à parois abruptes, ont crevassé la strate superficielle de calcaire dur, et s'enfoncent dans les argiles inférieures. Ramifiées à leur tête, elles s'achèvent vers la dépression occidentale en énormes tranchées, et comme pendant deux jours nous allons suivre sur le plateau le bord de la falaise, c'est une interminable succession de fosses qu'il va nous falloir ou contourner à grande perte de temps, ou franchir à grand effort et à grande fatigue.

La nuit nous surprend dans les pierres ; c'est à grand-peine que nous découvrons entre les roches un peu de sable pour faire coucher les méhara ; le bois fait défaut, partant, ce soir, ni feu ni cuisine.

Le 25 mars, au tout petit jour, parce que le confort de la nuit ne nous retient guère, le camp est levé. Les ravines succèdent aux ravines. Quelques dunes claires au lointain servent de repères au guide ; trois gros troncs d'arbres marquent aux abords de la grand'route la dépression dite « El Bora Tin-Dedin » qu'emplissent quelques touffes de hâd un peu vert. Là, les caravanes de jadis, ayant pris de l'eau à Tin-Dédin, venaient faire paître leurs animaux ; quelques pierres de foyer témoignent encore de campements et des « medjbeds » (1) sillonnent le sol.

Vers ce maigre pâturage, mais le premier rencontré depuis sept jours, les méhara hâtent l'allure ; depuis ce matin, les pauvres bêtes beuglent la soif sans interruption et, malgré les caresses ou les menaces, continuent leurs plaintes bientôt exaspérantes. En quelques minutes, les buissons sont dépouillés. Le point d'eau de Tin-Dédin est maintenant tout voisin et, vers deux heures de l'après-midi, nous

---

(1) « Medjbed » : piste apparente sur le sol.

campons sur l'emplacement des puits, sous les branches mortes d'un talha, dans le lit d'un petit oued. Au voisinage, quelques arbustes ont des feuilles rabougries à demi sèches et, puisque l'obligation des observations astronomiques nécessite aujourd'hui un arrêt prématuré, au moins les pauvres bêtes pourront-elles tromper leur faim ; depuis hier, leur dernière ration d'orge est épuisée et cependant les premiers pâturages sont encore à trois jours au moins devant nous.

En attendant le soir, bien que le soleil ait disparu dans la brume dès trois heures de l'après-midi, j'ai le loisir de parcourir à pied les abords des puits et de réunir nombre de beaux fossiles qui parsèment le sol. La nuit n'allume au ciel que quelques étoiles à peine et, quand enfin, après plusieurs heures de travail, je referme les instruments d'astronomie, l'heure du départ matinal est déjà presque venue.

**26 mars...**

Au delà de Tin-Dedin, le medjbed retrouvé coupe successivement deux grandes ravines : le chaab de Tin-Dedin et le chaab el Hadj-Mansour, séparés par un plateau rocailleux de 4 à 5 kilomètres de large. Puis les lignes successives de dunes orientées est-ouest se succèdent, véritables barrières en travers du sentier. Comme de juste, Breka s'égare de nouveau au milieu de leur dédale ; afin d'éviter des recherches fastidieuses, nous obliquons vers l'ouest pour venir prendre la bordure même de la grande falaise. Ce mouvement au cours duquel nous traversons de biais le grand erg In-Zenzen ne s'opère pas sans effort pour le convoi ; heureusement, les lignes de dunes n'atteignent pas, cette fois encore, le rebord du plateau et laissent là une route plus facile. Les deux anciens puits de Tin-Dakhsen-el-houa sont au pied de la falaise, dans une ravine très creuse, mais fort courte ; l'eau, au temps où il y en avait, était excellente et méritait au point d'eau son nom de « el houa », le doux ; aux alentours des puits, le sol argileux est très raviné ; seul, le lit même de l'oued est sableux, et quelques gros tahla semblent n'y avoir pas trop souffert de la sécheresse prolongée.

Quand nous arrivons à Tin-Dakhsen-el-houa, il est 4 heures à peine. Pour profiter du reste du jour, Breka demande
que nous poussions jusqu'à Tin-Dakhsen-el-malah (le salé)
qui n'est qu'à une heure devant nous. Nous remontons sur le
plateau calcaire et bientôt une nouvelle ravine très creuse,
d'un abord difficile, nous découvre le puits où nous campe-
rons ce soir.

Les chameaux l'atteignent à grand soulagement ; à longueur de jour, ils ont beuglé la soif ; leurs flancs sont creusés et les vertèbres du ventre saillent sur des cavités énormes. Heureusement, le fond de l'oued est garni de quelques
herbages (parmi lesquels nous avons aperçu la première
gazelle) ; nous chassons vers ce maigre pâturage les pauvres
bêtes qui demeuraient auprès des charges dans l'espoir d'y
trouver un peu d'orge encore.

A l'examen du terrain, Breka déclare qu'à son avis une
averse est ici tombée il y a peu de temps ; peut-être en
recreusant le puits, trouverons-nous un peu d'eau. Vite, les
Chamba se mettent à l'ouvrage ; le sol est de sable assez
tassé et le travail avance rapidement. Bientôt le trou atteint
4 mètres de profondeur et les mehara qui voient nos efforts
s'en viennent autour des déblais respirer la terre humide
dans l'attente de l'eau. Hélas, les couches inférieures sont
de nouveau sèches et bientôt la roche est atteinte. Il ne reste
qu'à recombler la fouille inutile.

« Ce ne sera là qu'un faible retard, dit Breka, car Tagnout
est à trois heures de marche et, partant à l'aube demain,
nous l'atteindrons avant dix heures ».

Ce matin, 27 mars, nous vérifions les carabines et les car-
touches. Tagnout, puits permanent, est un des repaires des
razzieurs marocains ; l'approche nécessite de grandes précautions : la gueule des chameaux même est ficelée pour
empêcher leurs beuglements révélateurs. Nous descendons
d'abord le cours de la ravine de Tin-Dakhsen-el-malah et,
lorsque celle-ci s'est jetée dans la dépression qui baigne le
pied du plateau calcaire, laissant vers le sud-ouest la route
d'Achourat, nous remontons au nord-ouest en longeant le

pied de la falaise. Un de mes Chamba part en avant et nous faisons l'ascension des pitons pour découvrir à la jumelle les lointains suspects. Nous allons ainsi de saillant en saillant ; la chaleur s'accroît et devient tout à fait soudanaise. Dès 9 heures du matin les chameaux refusent d'avancer et, sitôt qu'ils aperçoivent l'ombre d'un rocher, courent s'y mettre à l'abri des rayons du soleil. Il faut marcher à pied en poussant à coups de cravache le troupeau récalcitrant. Et cependant, Tagnout n'apparaît pas... A chaque saillant de la falaise, Breka cherche le puits et, incertain, l'indique au delà du saillant suivant ; les heures succèdent aux heures. A 4 heures du soir, après dix heures de marche, rien n'indique encore la proximité du puits. Je décide de pousser quelques kilomètres encore et si, à 5 heures précises, le puits n'est pas trouvé, nous abandonnerons sa recherche et piquerons droit au sud sur Achourat. Achourat est à au moins 110 kilomètres de nous : nous allons, s'il le faut, marcher toute la nuit ; demain, nous laisserons reposer les animaux incapables désormais d'une étape au soleil et, dans la nuit d'après-demain, nous serons à l'eau. Telle est notre seule ressource. Durant le temps prévu, nous continuons la recherche de Tagnout. Mais il est écrit sans doute que notre anxiété doit se terminer ici, car, quelques minutes avant 5 heures, Breka reconnaît en avant, dans le cours d'un petit oued, quelques arbustes épineux, les seuls de la région, retrouve les repères de cailloux dressés et nous mène enfin au puits de Tagnout.

L'orifice est à quelques kilomètres de la falaise au milieu de la plaine. Ce n'est plus là un de ces trous d'eau temporaires comme ils abondent dans les régions montagneuses ; mais bien un grand puits soudanais, coffré en bois, lequel atteint, au voisinage des argiles imperméables, une nappe souterraine, inépuisable, permanente. Le boisage est en partie effondré ; les parois sont creusées d'éboulements ; mais à 10 ou 12 mètres de profondeur la lumière du ciel scintille dans l'eau.

Sitôt que Breka a prononcé ce mot magique « l'eau ! »,

nous sommes à terre et penchés pour voir l'eau, l'eau bienfaisante... En un clin d'œil, toutes les angoisses sont oubliées ; dans la joie générale, le camp s'installe, les animaux s'esbrouent autour des abreuvoirs ruisselants et mes Chamba, brusquement exubérants, la crise passée, se racontent leurs craintes, rappellent les péripéties du voyage et prennent à parti Breka pour nous avoir si fréquemment égarés hors de la route directe. Et quand enfin toutes choses ont été ordonnées, nous nous abluons nous-mêmes à grande eau, et avec quelles délices !... Se laver ! depuis dix jours pleins, nous n'avions pu le faire !

Aux alentours du puits, les traces abondent ; nous retrouvons le camp des Ouled-Djerir de **1909**. Après le combat d'Achourat, leur rezzou est venu à Tagnout se reposer en toute sécurité, panser ses blessés et se préparer à de nouvelles incursions vers le sud. Il avait amené là une grande partie de ses prises, bœufs, moutons, chèvres et, si l'on en juge d'après la quantité d'ossements calcinés répandus sur le sol, il s'est refait en d'interminables ripailles.

Avant mon passage, le nom même de Tagnout était à peine connu. On ignorait où les rezzous marocains, au nord d'Achourat, pouvaient séjourner et préparer leurs coups de main. Désormais, ce dernier refuge des pillards est repéré astronomiquement ; sa distance à Achourat est sûre et nulle difficulté n'empêchera plus les troupes méharistes d'y venir faire leur police.

La nuit, nous ne sommeillons que d'un œil et d'heure en heure chacun de nous prend également la faction. Heureusement, il n'est point d'alerte ; mais le **28** mars, dès la première aube, nous avons gagné le large. La direction d'Achourat traverse la plaine de Tagnout, laquelle est un golfe dans la falaise crétacée et vient, de l'autre côté, longer la falaise sud opposée qui remonte vers le nord-est. A **40** kilomètres, les lignes de dunes vives parallèles font leur apparition, escaladant le plateau dont le rebord bientôt disparaît sous l'assaut des sables. Des couloirs dits « feij » tantôt larges et unis, tantôt étroits et ramifiés, séparent les arêtes successives. Dans l'un d'eux, nous tombons sur un superbe pâturage de hâd et de nçi ; les traces d'adax abondent et dans l'incertitude de trouver plus avant la nourriture des animaux, nous campons là, abrités de tous regards dans des replis de la dune comme dans le fond d'une cour. Les chameaux abreuvés d'hier s'en donnent à cœur joie ; depuis l'Ahnet, c'est la première fois qu'ils peuvent, à leur fantaisie, se gaver d'herbages verts.

Le 29 mars, peu après le départ, apparaît au milieu des sables un massif recouvert de latérites, un « kahal », que dominent quelques gour isolés et qui se termine par le plateau de Gùem, au pied duquel est un ancien puits maintenant à sec. Au delà les dunes reprennent coupées encore de quelques couloirs, mais le plus souvent serrées, pressées les unes contre les autres, comme le seraient les sillons d'une terre labourée. La nuit tombe quand nous parvenons en deçà de la dernière arête. Le puits d'Achourat est dans la plaine qui la borde ; mais Breka n'ose préciser s'il est à l'ouest ou à l'est et nous courons le risque de perdre une journée entière, si l'emplacement exact n'en est pas reconnu avant l'obscurité complète. Les méhara sont cachés dans un repli et Breka, Ibrahim et moi grimpons avec précaution pour jeter un œil par-dessus l'obstacle et explorer le terrain. En avant de nous, c'en est fini des sables ; le pays est noir, coupé de petits ressauts et sillonné d'oueds que marquent des lignes d'arbrisseaux verts. Au loin le tenon de Takabaret dépasse l'horizon. D'être vivant, aucune trace. Breka est perplexe ; par chance, Ibrahim venu à Achourat l'an passé reconnaît les lieux et m'assure que le puits est à moins d'une heure dans l'ouest. Je l'envoie seul se glisser en avant ; s'il entend ou découvre quelque chose d'insolite, il reviendra prévenir sans s'être laissé voir et sans utiliser ses armes et nous fuirons vers d'autres points d'eau : le Timétrin n'est pas loin et nos outres sont pleines. Immobiles, nous attendons le retour d'Ibrahim. A 11 heures, en pleine nuit, il arrive sans précautions : Achourat est libre, lui-même a vu l'orifice désert... A minuit, nous campons à

la bouche même, et de suite j'installe les instruments d'as-
tromie.

Me voici donc enfin parvenu à ce terrible Achourat ! La
route mystérieuse d'Ouallen est reconnue. Au point de vue
géographique, le pays n'a pas présenté l'intérêt capital que
j'espérais, puisque je n'ai pas découvert l'immense sebka
centrale que les prévisions pouvaient faire espérer. Cependant, les problèmes suivants sont élucidés : d'abord, aucune
des grandes artères issues de l'Ahaggar ou du Mouydir, les
oueds Tiredjert et Tamenrasset, ne coupe l'itinéraire pour
aller se jeter dans le bas-fond de Taodenni. Nulle part je
n'ai trouvé les traces d'une vallée d'épandage vers l'ouest
ou le nord-ouest. Celle-là n'aurait pu exister qu'entre Ouallen et Amrennan, puisque le plateau calcaire crétacé,
limité par une falaise abrupte s'étend depuis Amrennan
jusqu'à Achourat, et qu'aucune trouée ne le traverse de
part en part. Au nord d'Amrennan même, aucun thalweg
rencontré ne permet de soutenir l'hypothèse d'un déversoir
vers l'ouest : deux oueds seulement ont été coupés par l'itinéraire, le Djouf et le Tesegenganet; or, le Tesegenganet a
son cours supérieur connu ; le Djouf semble être la dépression même qui borde le pied de la falaise et ne paraît pas
avoir d'écoulement lointain. Le lit du déversoir serait-il
donc entièrement dissimulé par une des grandes dunes tel-
les que celles d'Azennezan ? Cela, cette fois encore, ne semble pas être, car les derniers explorateurs qui dans l'Orient
ont recoupé l'oued Tamenrasset, lui donnent un cours net-
tement orienté vers le sud-ouest. Et cependant il est impossible que le Tamenrasset disparaisse ainsi. Il ne reste plus
désormais qu'une seule hypothèse, c'est que la vallée
d'épandage du Tamenrasset a été comblée par la masse
énorme des dunes qui bordent au-nord la dépression
d'Achourat. La présence des sables s'expliquerait plus nor-
malement par l'existence du thalweg, et tous les oueds issus
du Timétrin qui viennent se perdre dans la dune d'Achourat
ne seraient que les affluents du Tamenrasset. Pour ma part,
pour avoir vu les cartes les plus récentes du pays, pour

avoir le plus consulté les indigènes et recoupé leurs renseignements, j'incline tout à fait vers cette solution du problème : les grandes dunes vives au nord immédiat d'Achourat recouvrent la vallée d'épandage du Tamenrasset vers le cours préhistorique du Niger.

En second lieu, les terrains de calcaire crétacé qui forment en quelque sorte la région soudanaise et qu'on croyait ne pas s'élever au delà du 20° de latitude nord, montent au contraire jusque près du 25° nord. Les premières huîtres fossiles rencontrées proviennent d'Azennezan et viennent de la fouille des puits ; à Amrennan, la falaise calcaire forme un énorme saillant vers le nord et tout de suite après, s'infléchit vers le sud-ouest pour revenir vers Tagnout ; de ce côté, l'allure de la falaise n'a donc plus rien de mystérieux et il semble probable qu'au delà du golfe de Tagnout, elle remonte à nouveau vers le nord-ouest pour se souder au Khénachich vers Tazouéker et In-Dégouber. Dans l'est d'Amrennan, le tracé de la falaise est encore inconnu et il est imposible de dire où elle va se perdre, soit qu'elle aille se souder au Tassili de l'imissao ou encore au Terrecht qui borde à l'ouest l'Adrar des Iforas. En tout cas, il est prouvé que les terrains crétacés entourent presque complètement l'Ahaggar vers l'Occident.

Au point de vue militaire des jonctions algéro-soudanaises, je ne crois pas que la route d'Ouallen puisse, en aucune circonstance et en l'état actuel, être utilisée par un détachement de troupes méharistes. Sans doute il est possible d'aller d'Ouallen à Tagnout directement en huit à neuf jours, à marches forcées ; mais la nécessité des transports d'eau et d'orge ne permet de passer qu'à quelques courriers isolés ou au maximum à un groupe de quatre ou cinq hommes et de quatre ou cinq bêtes de charge sacrifiées. C'est une aventure qui nécessitera toujours une expérience consommée du désert et qui ne devra être tentée qu'en cas d'absolue nécessité.

Les chameaux ont été abreuvés pendant la nuit ; le 30 à l'aube, pendant que le convoi prend de l'avance, j'examine les abords d'Achourat et les traces du grand combat de novembre 1909. Les puits sont à 200 mètres de la dune, dans un espace découvert ; la lutte s'est concentrée autour des orifices qui ont été à plusieurs reprises enlevés d'assaut de part et d'autre. Tout autour, c'est un véritable charnier ; il y a plus de 50 cadavres de bœufs et de chameaux momifiés ; ils étaient des troupeaux volés par le rezzou et ont été, dans le combat de nuit, atteints par les balles... Deci, de-là, paraissent quelques ossements humains : il y a, en particulier, étendu sur le sol, un tronc de tirailleur noir qui est atroce. Les membres inférieurs ont disparu ; mais la peau collée sur les os maintient encore la tête dont on distingue les oreilles et dont les dents semblent rire. Plusieurs corps sortent ainsi ; les chacals malgré plusieurs ensevelissements viennent les déterrer. Nous remettons hâtivement tout en ordre. Quant aux puits, il n'en reste plus qu'un qui soit encore vivant ; les trois ou quatre autres, qui n'en sont distants que de 5 ou 6 mètres, ont été, après le combat, bourrés de charognes et comblés. Constatation peu encourageante quand je songe que nos outres viennent d'être remplies là : il faut vraiment être habitué à tout pour pouvoir, comme nos Chamba, ne pas faire fine bouche !...

Désormais, nous parcourons un pays déjà connu. Ce soir, nous campons aux têtes de l'oued qui se déverse dans la daïa d'Achourat, à hauteur du massif d'Aït-Moulay. Le 31 mars à 7 heures du soir, nous sommes au puits d'In-Akhmed, trou d'eau peu profond dans un oued tout parsemé de petites dunes. Quelques nomades soudanais viennent s'abreuver ici, mais nous avons été signalés de loin par leurs sentinelles et tout a fui...

D'In-Akhmed à Mabrouk, nous rentrons dans les dunes : je compte neuf bras à franchir en biais. Tout le long de la route, le pâturage est merveilleux. Le 2 avril, nous sommes à ce qui fut le village de Mabrouk et à l'ancienne case de Sidi Amer, abandonnée maintenant. Le puits même n'a plus été entretenu ; il est ensablé et comme nous n'avons pas de corde pour descendre un homme à plus de 50 mètres, le ravitaillement en eau est impossible. Cependant, bien que nous soyons arrivés avant le milieu du jour, nous campons ici afin que je puisse clore ma série d'observations en utilisant les deux occultations d'étoiles que j'ai prises à Mabrouk en 1910.

De Mabrouk, la route directe vers Tombouctou file par Elloul et Mamoun. Elle est parfaitement connue et je l'ai parcourue moi-même et levée en 1910. L'itinéraire quitte les dunes vives pour entrer dans la région de l'Azaouad où les ondulations du sol moins abruptes et d'amplitude minime sont fixées par la végétation et, par conséquent, faciles à franchir tant pour les caravanes que pour un tracé de chemin de fer.

Une pointe jusqu'à Tombouctou, outre qu'elle m'écartait excessivement dans l'ouest, n'avait donc plus pour moi l'intérêt d'une exploration nouvelle. Je résolus d'aller me ravitailler à Gao, sur le Niger. Le 3 avril, je me dirige vers Tin-Ehtissan ; Breka ne connaît pas la route au delà de Mabrouk; moi-même, je n'avais plus les levées exécutés en 1910 ; mais le pays est suffisamment facile pour que je puisse, moi-même, sans erreur, guider la caravane. A Tin-Ehtissan, nous trouvons quelques Kounta parmi lesquels j'engage un guide.

Le 4 avril, nous traversons le plateau rocheux de Tin-Ehtissan et le 5, les deux arêtes semblables d'Ancehchag et de In Tourja. En avant, nous sommes désormais dans les pays blancs, dans les dunes mortes couvertes de cram-cram, chez les Arabes Kounta. Le 7 avril, nous buvons à Amdillis, le 9, à In-Tassit, le 11, à Kerchoul où j'installe mon camp dans les pâturages du Tilemsi, tandis que mes Chamba vont à 100 kilomètres de là chercher un ravitaillement à Gao sur le Niger.

Il serait superflu d'insister longuement sur mon retour de Gao à l'Ahaggar. L'itinéraire que j'avais choisi pour ce faire venait tangenter la bordure sud-est de l'Adrar des Iforas, afin de reconnaître s'il existait là un tracé possible pour l'embranchement de l'Ahaggar au Niger.

Après une quinzaine de jours passés dans la région de Kerchoul pour refaire mes animaux, avec mes trois hommes, je repris la direction du nord. Le **30** avril, j'étais au poste de Kidal. J'eus le regret de n'y pas trouver le lieutenant Lelorrain, parti pour Taodenni depuis bientôt un mois. Nos deux itinéraires s'étaient croisés ; mais moins heureux que moi, le pauvre officier qui avait avec lui **35** tirailleurs et **100** goumiers kounta commandés par un commis des affaires indigènes, M. Rossi, s'en vint tomber à Gattara dans un guet-apens de Berabers. La colonne toute entière fut massacrée ; pas un ne revint et la nouvelle du désastre n'en fut apportée que longtemps après par des émissaires kounta. J'eus cette chance que ce rezzou beraber très puissant qui depuis plus d'un mois croisait dans l'Azaouad ne vint occuper le puits de Tagnout que trois jours exactement après mon passage. Si mon départ de Ouallen s'était trouvé retardé d'autant, il est certain que ma position, avec mes trois seuls hommes d'escorte, eût été excessivement critique. Un proverbe kounta dit : « Au Sahara, on a toujours le hasard contre soi » ; je crois dans cette circonstance avoir fait mentir le proverbe !

Le **2** avril, à Iroras, je vais rendre visite à mon vieil ami Baï ould Cheïkh sid Omar, le grand marabout des Kounta. Il était là, entouré de ses disciples et de ses livres, dans une case de paille. Par curiosité je dirai les sujets sur lesquels il m'interroge : « Grenade, Cordoue, l'Andalousie et les Maures, l'Inde, la catastrophe de la *Liberté*, le chemin de fer. » Il est au courant de tous ces sujets, mais pour les Almoravides, il en est encore à l'époque de ses livres et c'est tout juste s'il sait que les musulmans ne sont plus en Espagne.

Le **6** mai, je suis à In-Abalen où j'oblique vers le nord. Toujours longeant la bordure de l'Adrar, le **11**, j'arrive à Tin Zaouaten ; le **14**, je bois à In-Tedayni et le **16**, je campe à Tin-Rerho où le **21** mai 1912, je suis rejoint par le reste de la mission d'étude du Transafricain, après une séparation de deux mois et demi.

## POSITIONS ASTRONOMIQUES ET ALTITUDES

| Lieux | Longitude | Latitude | Altitude (1) |
|---|---|---|---|
| El Aoulef . . . . | 1°16'36″ W | 26°58'14″,3 | 316 |
| Ouallen . . . . | 1° 6'13″,5 W | 24°36'35″,2 | 345 |
| Azennezan. . . . | 1°31'12″ W | 23° 2'12″,6 | 384 |
| Amrennan. . . . | 1°55' 3″ W | 22° 4'32″,9 | 337 |
| Ain Shirh . . . . | 2°14'34″,5 W | 22° 7'22″,6 | 321 |
| Tin Dedin . . . . | 2°30'21″ W | 21°33'41″ | 374 |
| Tin Dakhsen . . . | 2°45'49″,5 W | 21°13'20″,9 | » |
| Tagnout . . . . | 3° 7' 3″ W | 21°16'20″,5 | 270 |
| Achourat . . . . | 3°37'43″,5 W | 20°28'27″ | 287 |
| In Akhmed . . . | 3°17'45″ W | 19°48'11″,1 | 288 |
| Mabrouk . . . . | 3″33' 6″ W | 19°29'32″,9 | 323 |
| Kidal . . . . | 0°59'18″ W | 18°26' 7″,3 | 456 |
| Iroras . . . . | 0°38'13″,5 W | 18°27'46″ | 462 |
| Tin Essalaq . . . | 0° 3' 3″ Est | 18°49' 2″,1 | 633 |
| In Azerraf. . . . | 0°10'39″ Est | 19°26'37″,4 | 643 |
| Tin Zaouaten . . . | 0°36' 3″ Est | 19°57' 7″,8 | » |
| In Tedayni . . . | 0°53'49″,5 Est | 20°15'41″,8 | 676 |
| Tin Rerho. . . . | 1°38'17″,7 Est | 20°44'33″,5 | 624 |

(1) Prises à l'hypsomètre.

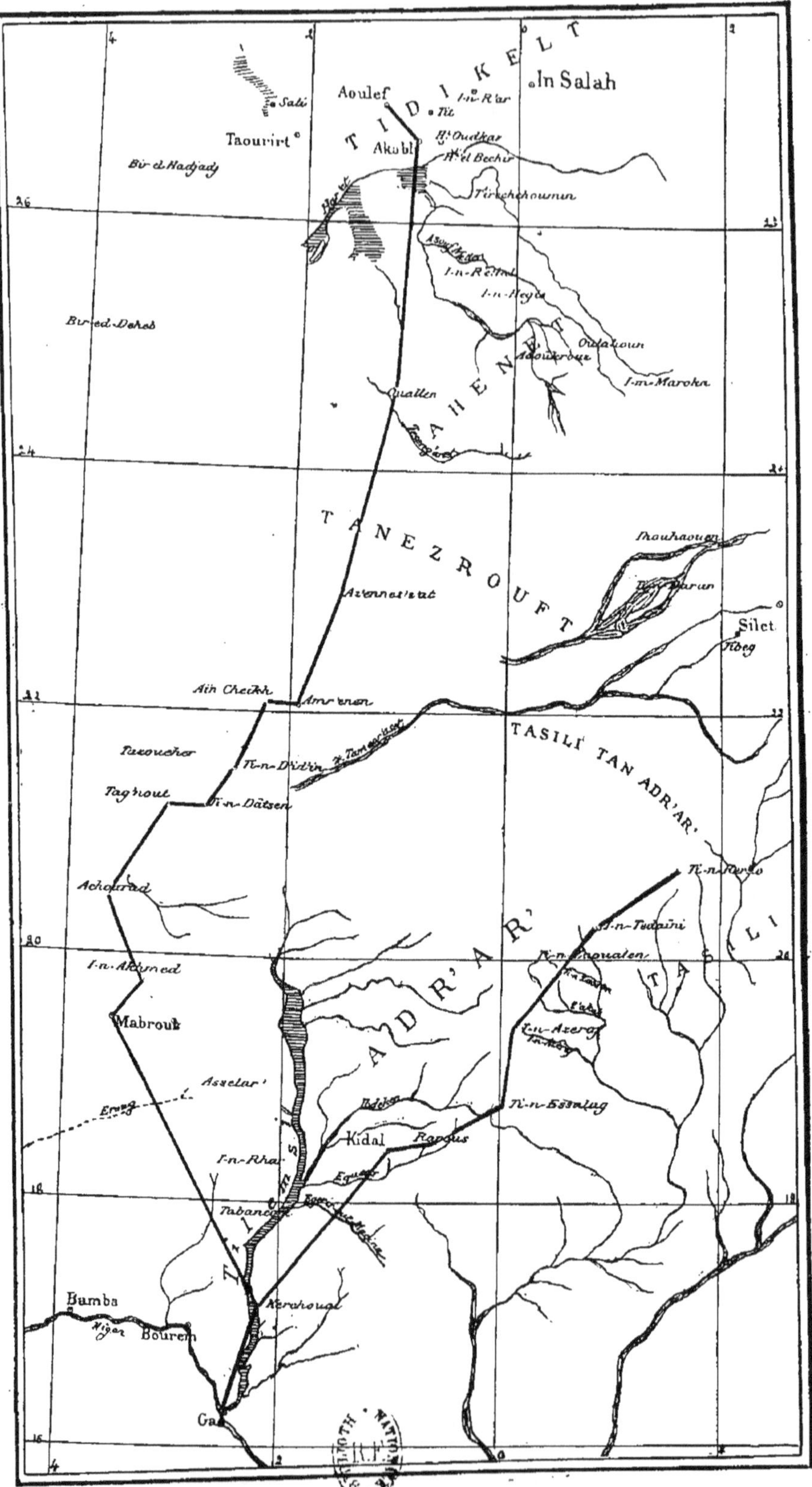

In Salah
TIDIKELT
Aoulef
Sali
Taourirt
Akabli
Bir el Hadjadj
Bir ed Dahab
TAHENEÏT
TANEZROUFT
TASILI TAN ADR'AR'
Aïn Cheikh
Amesnen
Tasouchet
Taghoul
Ti-n-Dätsen
Achourad
I-n-Alymed
Mabrouk
Asselar'
Erarg
ADR'AR'
Ti-n-Rerao
TASILI
Kidal
Tin-Essalag
I-n-Rhar
Tabancort
Bamba
Niger
Bourem
Nerahougo
Gao
Silet